libre

libre

Voces venezolanas
por la libertad de expresión

Patricia Schaefer Röder, Editora

Colección Carey

Ediciones Scriba NYC

Libre – Voces venezolanas por la libertad de expresión
Patricia Schaefer Röder, Editora
© 2022 PSR

Ediciones Scriba NYC
Colección Carey – Poesía

Arte de portada: Jorge Muñoz
Diagramación: Scriba NYC
© 2022 Ediciones Scriba NYC

ISBN: 979-8-9854713-0-4

Impresión: Kindle Direct Publishing

Scriba NYC
Soluciones Lingüísticas Integradas
26 Carr. 883, Suite 816
Guaynabo, Puerto Rico 00971
+1 787 2873728
www.scribanyc.com

Febrero 2022

En honor a los mártires que osan disentir

CONTENIDO

PALABRAS DE LA EDITORA

Este poemario surge de nuestra necesidad primordial de expresarnos como seres humanos y como ciudadanos. En un momento histórico en el que nos sentimos acallados, temerosos por nuestras vidas e inseguros del futuro de nuestros hijos, buscamos la vía para manifestar nuestro desacuerdo con lo que sucede en Venezuela, nuestra frustración por luchar a brazo partido durante décadas sin lograr un cambio positivo, nuestro dolor por tantos mártires que osaron disentir de la mordaza impuesta por la censura política, nuestro desengaño de la clase dirigente, nuestro sueño de poder llamarla de nuevo "la Tierra de Gracia" y sí, también el sueño de regresar algún día a nuestro hogar amado.

Sumamos aquí las voces de poetas venezolanos que exponen sus opiniones en relación con el cumplimiento en Venezuela del Artículo 19 de la Declaración Universal de los Derechos Humanos, ese que se refiere a la libertad de expresión.

En medio de la prohibición al pensamiento libre que busca aplastar nuestras ideas y el porvenir de Venezuela gestamos este poemario actual, importante y urgente para mostrar la realidad a quienes deseen conocerla. Porque en un país con censura, los ciudadanos terminan ciegos y sordos.

Patricia Schaefer Röder

PRÓLOGO

En 1969, Hannah Arendt sacudía los cimientos de la ciencia política con una afirmación demoledora: el poder no reside en los medios para ejercer la violencia, sino en la opinión. En medio de un siglo de guerras y revoluciones, la autora irrumpía con un nuevo concepto y una forma particular de aproximarse al fenómeno; consideraba que algunos argumentos de grandes pensadores como Clausewitz, Hobbes o Engels ya no podían aplicarse en el siglo XX.

En su ensayo *Sobre la violencia*, Arendt profundiza la tesis de James Madison al señalar que incluso el tirano, el que manda contra todos, necesita colaboradores en el asunto de la violencia. La solidez del gobierno reside en la fuerza de la opinión, porque el poder no es más que la capacidad humana para actuar concertadamente y nunca es propiedad de un solo individuo, sino que pertenece a un grupo y sigue existiendo mientras que el grupo se mantenga unido.

El chavismo entendió bien la tesis de Arendt y tras los sucesos del 11 de abril de 2002, la llamada Revolución Bolivariana se planteó el objetivo de instaurar en Venezuela lo que denominó *hegemonía comunicacional* para poder controlar la opinión pública. Dos años después, en 2004, aprobaron la Ley de Responsabilidad Social en Radio y Televisión, llamada por sus detractores *Ley Mordaza* y que sirvió para instaurar un régimen brutal de censura.

En 2007, Hugo Chávez concretó el cierre de Radio Caracas Televisión, el segundo canal más grande del país; en 2009 le siguió la clausura de 34 emisoras de radio; en 2013, el gobierno bolivariano emprendió una compra masiva de medios de comunicación a través de testaferros y empresarios allegados al poder: con canales de televisión, páginas web y diarios impresos de tradición, el chavismo terminó por controlar prácticamente todo. La libertad de información, garante de la libertad de expresión, sufrió 468 violaciones durante 2019, de acuerdo a cifras de la organización no gubernamental Espacio Público. Al día de hoy, han cerrado más de 180 emisoras de radio críticas al gobierno.

Los ataques han sido sistemáticos, organizados y no han tenido pausa. En este contexto, *Libre: Voces venezolanas por la libertad de expresión* cobra una importancia fundamental porque recoge, desde la sensibilidad que proporciona la experiencia, las emociones que ha generado un proceso de colonización tan agresivo como el que ha sufrido Venezuela. De cierta manera, los poetas que aquí participan representan al país que nos tocó vivir: algunos están regados por el mundo como parte de la diáspora de compatriotas que ya suma más de seis millones de almas. Otros, han decidido quedarse y cuentan en primera persona los horrores del régimen chavista.

Esta obra no es solo una recopilación de poemas, sino de sentimientos como la rabia, la tristeza y la frustración que han generado casos emblemáticos de nuestra historia contemporánea como el de Rufo Chacón; el asesinato impune y a sangre fría de mascotas domésticas por parte de los cuerpos de seguridad de la dictadura o las miles de protestas ciudadanas que se han sucedido sin interrupción en los últimos 23 años.

Es un grito de auxilio que habla de la injusticia, el llanto, el sufrimiento y la tortura de miles de compatriotas; del dolor que nos ha causado el destierro, la oscuridad y el silencio. Y aunque en algunos poemas puedan percibirse emociones humanas totalmente justificadas, como el resentimiento, la rabia y el deseo de revancha, en sus páginas también queda expresada la necesidad que tenemos los venezolanos de sembrar en nuestros corazones amor, respeto, armonía y tolerancia para poder reconstruir la República desde la reconciliación.

Libre: Voces venezolanas por la libertad de expresión enaltece además el amor que sentimos por nuestro país, sus símbolos y valores. Resalta los motivos que tenemos para contribuir a la transformación, para que una vez encendida la llama de la Libertad el turpial regrese a su nido y nuestro araguaney, hoy marchito, pueda florecer nuevamente en mayo, cuando llegue la lluvia para llevarse para siempre la causa de nuestras tristezas.

Ibrahim López Piñero
Periodista venezolano

Organización de las Naciones Unidas

Declaración Universal
de los Derechos Humanos

Artículo 19:

Todo individuo tiene derecho a la libertad de opinión y de expresión; este derecho incluye el de no ser molestado a causa de sus opiniones, el de investigar y recibir informaciones y opiniones, y el de difundirlas, sin limitación de fronteras, por cualquier medio de expresión.

Alcides Ramón Meléndez

Estados Unidos.
Profesor de Matemáticas, jubilado.
Egresado de la Universidad Central de Venezuela.

El sueño asesinado

Ser ingeniero, artífice de la informática,
era su sueño; jugar a la creatividad,
hurgando en reparaciones tecnológicas
lo acercaba a la realidad.
Un joven estudioso
naciendo a su formación,
en busca de sus soñadoras ilusiones;
volaban sus fantasías por los pasillos liceístas,
alegre sonreía a la vida.
Las carencias del país turbaron también
a su región natal, la angustia atosigó a su entorno,
y junto a su madre acompañó la protesta vecinal:
solo queremos gas, solo eso.
En el país es delito reclamar cualquier derecho;
quien lo haga ya es un delincuente
altamente peligroso;
hay que reprimir al revoltoso.
De las fuerzas represivas,
cual rayo asesino
cayó una nube de letales perdigones;
allí segaron las ilusiones,
los sueños y el porvenir
del párvulo y sus fantasías.
Trunco en su corta vida quedó
su ambage soñador;
cínico el régimen con su haz de engaños
y mentiras, mitigar quiso su tragedia.
Comprar su silencio, su orgullo y
dignidad, callar a los cuatro vientos
el asesinato de sus sueños,

su porvenir, su horizonte.
Su incólume talante,
barrera infranqueable no dobló su cerviz,
una bofetada de vergüenza
para quienes la carecen.
Héroe de las tinieblas, hoy acosado,
aleve de la patria
para sus asesinos de sueños,
sigues esperando en tu mundo de sombras,
la justicia ciega que no llegó.

¡Exprópiese!

Con engolada voz, arrogante,
cual reyezuelo altivo y fanfarrón,
retumba con grito altisonante,
una palabra cual pregón.
¡Exprópiese!

Así se expoliaba al productor,
y su reclamo con derecho ante la ley
de lo suyo, lo logrado con sudor,
era vano; se luchaba contra el Rey.
¡Exprópiese!

Fincas, hatos y tierras productoras,
no escaparon de las hienas voraces.
Que con timos, engaños y promesas seductoras,
cayeron una a una en sus temerosas fauces.
¡Exprópiese!

Al basurero el alegato y el argumento,
con las leyes y el derecho no cuenten,
el código soy yo, y lo regento,
grita el felón, y para que lamenten:
¡Exprópiese!

Así, en la patria otrora productiva
sus fértiles terrenos devinieron en eriales,
en sus predios ya no se cultiva,
y el campesino, triste dejó sus terrenales.
¡Exprópiese!

El grito imponente a paso de destrucción,
siguió con botas de chusca pisada,
dejando solo huellas, tristeza y desolación,

un paisaje agreste, una visión anonadada.
¡Exprópiese!

El derecho por tus bienes a reclamar,
es clamor estrellado ante la justicia rastrera;
te presionan, te amenazan, te hacen callar,
y la propia Dama ciega es tu barrera.
¡Exprópiese!

Judas con toga

Toga de académico significado,
birrete, borla esclavina.
Orgullosas galas;
orlas de logradas metas,
juramento sacro
de hacer cumplir las leyes,
velar por su fiel aplicación
bajo pena de demanda
si no lo hicieres,
premio y gloria si bien lo ejercieres,
como manda la ley.
Bajo la mirada augusta
de un techo cimero de Alma Mater,
se premian los esfuerzos,
se ilumina el saber
y un bagaje de conocimientos
pone en tu mente y manos
el camino a recorrer.
Unos, fieles al juramento
honraron sus académicos arreos
y "Dios y la Patria os premió";
otros, solo usaron sus galas
como atavío de carnestolendas,
las pisotearon y mancillaron
ofendieron la majestad del Paraninfo,
lo obscurecieron y se dejaron vencer
por las sombras,
por su opaco y nefasto proceder.
El canon de sus leyes fue el antojo
del entronizado poderoso,

y el arbitrio caprichoso fue al dictamen complaciente
a cambio de la prebenda prometida.
El poderoso somete la ley a su designio,
la moldea y sus jueces y secuaces,
aplauden y lanzan loas
sin remordimiento y sin conciencia.
Sin saber, ¿para qué saber?
que sus lisonjas laudatorias,
son bofetadas a la dignidad
y al juramento, que como Judas hizo,
fue en vano y falso.

La gloria y la usurpación

El Prócer está en el corazón,
en el alma, en el sentimiento
de nuestra bella patria, nuestra nación
su nombre está en nuestro pensamiento.
Su estampa libertaria de naciones,
espada en mano, alzada victoriosa,
rubricó con firmeza los blasones
de otros suelos, en épica gloriosa.
De claras metas e ideales,
hizo de la ley y la justicia
sus eternos compañeros reales
sin mácula de ambición ni de codicia.
Más hoy en su nombre el dictador,
pisoteando leyes, burlando el más humano derecho,
blasfema ignominioso y sin rubor,
mencionándolo en cada paso, en cada trecho.
Por ello, si "la espada camina", anda buscando
a quien quitó la vida al inocente,
a quien dejó a una madre llorando,
y a quien visitó a una familia con luto permanente.
Buscará a quien, a sangre fría,
acalló para siempre el grito de angustia,
a quien protestó con valor y gallardía
al ver su patria triste y mustia.
De su espada de honor y gloria,
no escaparán los aleves y arteros;
de nuevo la patria vivirá otra historia
y retomará sus caminos y senderos.
Si "la espada de Simón Bolívar
vuelve a caminar".

Antonio L. Manzano O.

Venezuela.
Nace de la transición de Alfa a Omega,
gracias a la Luz y a la Musa, siempre presentes
en cada uno de los seres humanos.

La consciencia del corazón

Seamos conscientes o no,
podemos hacerlo fácil,
el respeto es más táctil,
vives mejor, así creo.

Ya sea blanco o negro,
en el papel o la tinta,
toda idea lo vale,
más allá de pura pinta.

¿Acaso somos menos humanos hoy?
Eleva tu condición existencial,
es la balanza de la justicia real.

¿Cuánta felicidad dejamos pasar?
Los frutos de la cosecha no crecen.
¿Tolerarnos es fundamental o no?
Sembremos nuevas semillas con amor.

La vida planetaria te sonríe,
es hora de superar diferencias,
aprendamos de las artes o ciencias,
no es la mente sino el corazón.

La expresión del universo

La expresión sí se conjuga,
difundir el saber es placer,
es obvio, por ser fundamental,
poder respirar, elemental.

Llevar el ritmo es la vía,
aceptar criterios distintos,
la convivencia con cada cual,
no lo oculte, dígalo ya,
su consciencia es la esencia.

Si se miente, ya pierde la razón,
del pensar al decir es su trino,
el lenguaje nos hace humanos,
es relevante el contenido,
responde al porqué, cómo, cuándo.

Ser ciudadano nos da derechos,
igualdad, libertad, fraternidad,
son principios de vida, de hecho,
enaltezcamos la humanidad,
en armonía: ¡el Universo!

Carmen Chinea Rodríguez

España.
Enfermera de profesión, con curiosidad
y amor a la vida. Poeta enamorada de las palabras.

Nómadas

No somos nosotros
No somos los mismos
nos transformamos, desaparecimos
¿En qué nos convertimos cuando nos prohibieron
                                    las palabras?
Nómadas vagando por regiones extrañas
Pueblos dispersos en caravanas amargas
El tiempo, dirigido por los incompetentes
ha pasado por esta bella tierra
como una apisonadora, como un huracán
destruyendo todo a su paso
robando… incluso las palabras
La libertad de decirlas
de escribirlas
de gritarlas
de tatuarlas
de imprimirlas
de transmitirlas
de intercambiarlas
de atesorarlas...
¿Qué es un ser humano sin palabras?
Un mamífero irracional y estúpido
No existe pensamiento sin ellas
ni sentimiento
ni arte
ni expresión
ni comunicación
ni ideas
ni experiencia
ni aprendizaje

ni evolución
ni sabiduría
toda nuestra humanidad
la contienen las palabras
lo que nos eleva mínimamente del suelo
lo que nos separa de las bestias hostiles y crueles
                                    que contenemos
¿En qué nos convertimos cuando nos prohibieron
                                    las palabras?

Daniela Jaimes-Borges

Venezuela.
Profesora de Artes Escénicas, Magister
en Estudios Literarios. Docente universitaria, actriz,
escritora, dramaturga y poeta. Desde el 2016 dirige
el proyecto audio-poético Voz de otra Voz.

Una denuncia

Una mañana desde el jardín del vecino oí tronar gritos entre un
hombre y una mujer. pensé en un pleito de esos inevitables cuando
se entumecen los sentidos y no hay espacio para la cordura (…)
temí por la vida de ambos.

Flavia Pesci Feltri

I

Me acusaron de maltrato,

violencia física,

estaba quebrada en la parte alta de mi cabeza,

mi gata apenas me podía alcanzar,

cuando dos funcionarios,

vestidos funerariamente,

me visitaron 12 horas y 25 minutos más tarde

desde que él se fuera,

buscaban algún tipo de sangre,

digo un tipo de sangre porque aún desconozco a qué se
referían.

Ha sido denunciada por su esposo,

señora,

dijeron casi al unísono,

mientras tapé con un suéter algunos

tropiezos del día anterior.

Consiga un abogado,

dijo el que estaba más cerca de mí,

el otro me veía fijo después de cada foto que

tomaba a mis muebles blanquísimos.

Enmudecida,

aterrorizada,

porque la policía asusta en todas estas veredas,

porque no te dejan hablar,
porque me dijeron con un corte punzante
que no estuviera nerviosa.
Alcé
alcé el teléfono después de que se fueran
enérgica en saber que salvarse de eso,
donde vivo,
era una renuncia
a algo vital

llamé
llamé a una amiga que casi de inmediato,
me consigue a un abogado penal.

¿¡Qué es todo esto!?, me digo,
le dije.
¿Penal?
Le leí lo que me entregaron
los que se habían ido
y dos días más tarde acudí a la cita,
con mi abogado,
al que le impidieron pasar conmigo.
Nuevamente los dos mismos funcionarios,
esta vez de ropa más ligera,
no los reconozco,
pero me saludan
    esas voces que, intactas, acuden a mis sueños.

Llevaba camisa blanca,
pero ellos me hablan de otra camisa,
la de mi futuro ex marido,
llena de sangre.
Lo niego con gran miedo,

un miedo seguro,
y estoy segura también de mi palidez en ese instante.
Ellos me indican donde poner las palmas de mis manos.
dos huellas enormes,
varias huellas fragmentadas entonces de todo mi círculo vital.
Y me niegan un par de servilletas.
Mi camisa sí está manchada, queda claro.
Me interrogan, me cercan porque no puedo decir nada,
acaso fantasear con que se acabe el día,
volver a casa,
a mi gata blanca.

Está metida en un gran problema,
dijo el que estaba detrás de mí
como si respirara en mi nuca.
Mancho entonces el pantalón
con la mano izquierda,
intenté sentarme,
ellos me dicen que no lo haga,
que deben tomar fotos,
me levanté buscando en el techo un pájaro
o su cadáver,
cantando.
Posé con un cartel,
como las películas que no vas a querer interpretar,
en el pecho,
mi corazón ha aparecido en esas fotos,
lo único que no pudieron callar.
Me inquieta todo,
pero ya casi terminamos, pienso.
Una firma falta, escuché
y estampé mi apellido a la mitad para salir más rápido

pero esa firma no coincidía con mi cédula.
Entonces, aspiré casi un cigarro imaginario,
volví,
con más silencio,
logré ver el nombre del funcionario en su carnet colgante,
balanceándose,
mientras firme,
intentaba acercar la hoja.
(No, no voy a repetir cómo se llama,
no quiero ensuciar más mi camisa.)
y coloqué el segundo apellido.
e inmóvil, esperé
a que me dieran permiso para retirarme.
Es muy valiente en denunciar a una mujer,
recuerdan riéndose,
lo repitieron y me preguntaron si estaba bien.
Asentí con la cabeza,
cayó el bolígrafo del borde del escritorio
en un piso sucio,
pero lo tomé,
tenía las iniciales del cuerpo policial
y mucha tinta.
Salí finalmente,
no pude llorar, no pude mostrar nada.
El abogado me sacó de ahí,
volví a entrar a mi casa
una escena perfecta del crimen
cuando logré recordar el silencio
que debí guardar por mucho tiempo
para no contemplar la descalificación,
el atropello constante y sobre todo,
la aniquilación de lo que era mi vocación para escribir.

Escribí muy poco todos esos años
con él.
Siempre callé, creo
toqué mis brazos porque dolían
y veo las marcas:

lo que sacó a ese hombre de mi casa
fue el pánico de acabar conmigo
al lado de su propia devastación.

Ya estoy sola y cuelgo mi camisa,
sin gritos alrededor,
en un closet más grande,
al fondo,
de un lugar libre,
lo único libre.

II
Acaba de timbrar el teléfono de casa,
una mujer preguntó por él,
mi miedo se atribula de nuevo y contesto:
NO, ya no vive en esta casa.
Vengo a la computadora a enviar este texto,
antes de que llegue de nuevo
la policía.

Dayvi Castellano

Argentina.
De otra parte del sitio en el que estoy
y del ningún lado de mi origen.
Masterando en filosofía que a ratos escribe vainas.

Cantor

La suma de los fragmentos, que además de latir piensan,
portadores de la potencialidad de meterse arena en la boca
y escupir salpicantes esquirlas de vidrio en eco y honda,
plastilina de barro y sal, de suspiro y temor.
Que lluevan hacia arriba sin miedo de inundar las nubes
y el cuero se temple cual sombrilla del relámpago,
que alumbren como el sol sin pavor a la tiniebla.

Que se inunden las esquinas del cielo
con las lágrimas del cantor,
lágrimas dulces o de cualquier color
pero que llueva hacia arriba
porque el polvo está aburrido de la sazón.
Que se bañen las nubes
abajo no quieren que les quiten el calor,
los cantores quieren volverse lluvia, relámpago y sol,
quieren despertar el cielo, mojarlo y armar el estruendo,
así el cantor quiere pagar el agua que no pidió,
quiere cantarle al trueno que lo despierta
escupir la lluvia que lo baña
pero no le alcanza su tenor
para que tiemble el trueno por la melodía del cantor.

Mascarilla

La sutil mascarilla para la virosis errante
se las ponen (¿se las ponen?) o se las vuelven a poner,
la bocina anunciaba el pavor de quitarla de sus rostros
la tela que incomoda al respirar, que cambia el tono
                                           al hablar.
Pánico de salir, de rebotar en la acera y silbarle al tedio,
miedo da la virosis que anda dando
por andar andando te va a dar
así que tapa bien nariz, la boca y los ojos
que aquí no se puede respirar, hablar ni mirar,
que nos morimos por asomar el hocico en la plaza.

Sobran las vacunas en el cuartel
para clavar a cada quien,
así que no se enferme y su boca tenga oculta,
que pesa menos la tela en los labios
que la tierra en la tumba,
anda dando miedo por andar andando,
pero todos nos aprendimos a cuidar,
a tener la boca tapada, a no salir a caminar
a tener miedo de salir y arder en la fiebre del fusil,
entendimos la ironía de sembrar gritos
regar miedo
y cosechar silencio.
No nos enseñen a ponernos mascarilla
que tenemos rato con ella puesta.

Pañuelo

Vino el pañuelo y nos echó un cuento, subían el tono y bajamos el nuestro.

Vino el pañuelo y nos mostró las garras, como llevaba guantes nadie lo nota, todos las agarran.

Vino el pañuelo y mostró los dientes, dijeron que sonreían y así les creían.

Vino el pañuelo y gritó en la plaza, respondimos sin voz, el sonido no pasa.

El pañuelo no tiene ya que venir, ya está bien venido, se queda en la mente, su nido.

¡No se va el pañuelo! Escribimos sorprendidos, nadie lo lee, nos quitaron hasta los sentidos.

El pañuelo cambió de raza, ahora es mordaza, y ahora que lo sabemos, ahora es certeza y no solo amenaza, el pañuelo seca la saliva, la voz, la fe adelgaza, el pañuelo no seca las lágrimas, las abraza.

El pañuelo está metido y ya no tiene que disimular, porque tiene los labios adormecidos, la garganta a reventar, se nos adormece el silbido, el cantar, aunque nos quiten la mordaza, nos acostumbró a callar, aunque se nos quite la tela, queda el peso de su recuerdo, queda una sensación de silencio que en algún momento se aprendió.

El pañuelo está cosido, que llegue rápido el sonido que lo descoserá, que quede la cicatriz para no olvidar, lo que aquel pañuelo puede llegar a tapar.

Pica

Cómo pica y réquete pica cuando no te puedes rascar
una amargura, un vino caliente que ni lava ni adormece,
los labios partidos, inundados de saliva y muertos de sed.
Una picazón o una molestia, algo que a lo poco
hace más que existir, se nota, se asoma, te jode la paciencia.
Las ganas de rascarse que habitan en una piel que no sé
                               dónde está,
es como el miedo de los vivos a la muerte, que no la
                          conocen ni la saben conocer.
Este anhelo por arrancarme el cuero de un zarpazo,
                        de rascar la comezón,
estas ganas de alzar la voz, aunque me incomode
                        la ausencia de garganta
o me sepa a barro amargo lo que escurre de mis ojos,
qué jodido se está cuando uno va a rascarse
y el hueso se asoma sin envoltorio, pegando la uña
                        como cincel,
mientras te sigue picando la no piel
que se pudrió esperando poder rascarse,
carne molida que pereció de anhelo
carne que no sé si nunca estuvo
o solo un día se fue.

47

Te digo

¿Cómo quieres que te diga que no puedo decir?
Es que si te digo, pienso y si pienso, no es que solo existo
sino que dejo de existir.
Miro pa´ los dos lados para llegar al otro lado.
¿Cómo no voy a mirar? Si para mí la luz no cambia
no vaya a ser que me arrolle, el titilar
un semáforo que fuma y bosteza
pero ni de vaina cambia.
¿Cómo que me conformo? Si no me puedo desconformar
me desarmo, me arrepiento, me hundo en el peso del silencio
que se amarra a los gritos que no se hallan en salir.
¿Cómo quieres que te diga que no puedo decir?
La tetera con corcho en la boquilla y flamas en el retazo
no termina de silbar ni de quebrarse,
es la constante ebullición un metal que chilla
que se suda, se calienta en su no ruido.
¿Cómo quieres que te diga que no puedo decir?
Si llevo un poema en jeta que va deletreando cicatrices
que grita entre la aridad del silencio, que anuncia mi escasez
si llevo mi dolor en la piel y el cuatro en la pared,
si no habla mi voz, que no calle mi dolor
que viaja en la expresión de mi silencio.

Edinson Castro Pedrozo

Venezuela.
Periodista. Profesor universitario.
Investigador en comunicación y ciudadanía.
Hombre de radio.

El grito del asfalto

Sobre el asfalto rebotaban las palabras de un rompecabezas.
En la distancia,
se escuchaba el eco sordo de quienes ni siquiera daban
                                        la espalda.
La escucha parecía prohibida mientras las calles se
                                        manchaban
y los más jóvenes, que eran todo y todos al mismo tiempo,
mostraban sus pechos al viento buscando lo que sabían
                                        perdido.
Unos se lanzaban con fuerza sobre los sueños de quienes
                                        gritaban,
de quienes juntaban palabras para mostrar que el pin pun pan
era la orden de quienes pisan y pasan hundidos hasta el cuello.
Sobre el asfalto rebotan las balas que se alojan en la cabeza.
En la distancia,
se escuchan los quejidos que no dejan salir palabras.
La palabra yacía en la garganta de quienes arrostraban peligros
y pedían en frases pintadas sobre tiras de tela o de papel
que la sordera no llegara a los confines, ni más allá del mar.
Unos mostraban más allá de su piel para que su cuerpo
                                        hablara,
para que no faltaran palabras hechas de dolor y desesperanza
cuando avistaban el contingente que traía la muerte.
Sobre el asfalto, sin importar la hora, ni el día, alguien
                                        se desplomaba.
Sobre el asfalto, quedaron sueños que no podrán soñar.
Sobre el asfalto, se tatuaron las huellas de nuestros pies
                                        descalzos.

Los ojos que te miran

Mirar de distintas maneras para ver al otro, lo otro,
miradas de reojo, a hurtadillas, opacas o agazapadas,
de vigilia o vigilancia, cómplices o indiferentes.
Mirada de torres verde oliva interpuestas por escudos
                                           transparentes
que se manchan de colores valientes
cuando arremeten contra el otro, los otros.
Miradas llorosas envueltas en la bruma del espacio
buscando el consuelo de sentirse libres,
de percolar las máscaras que cubren la vergüenza.
Miradas desafiantes, miradas intolerantes, miradas
                                           inquisidoras,
miradas de compasión, de temor, de miedo y de valor,
miradas que se pierden y desbordan, las miradas del
                                           otro, miradas.
Miradas que se encuentran y se distancian,
que buscan ver más allá de lo esencial y del corazón,
                                           corazonada.
Miradas que recién comienzan a mirar lo que el otro
                                           quiere mostrar,
miradas de siempre que han visto la historia y la
                                           quieren volver a ver.
Miradas protegidas por escudos de cartón con manchas
                                           de colores,
como las miradas de la fiesta de la libertad.
Miradas que te acusan y te señalan apuñalando tu ser,
apuñalando tu sentir para que no te levantes del suelo,
                                           pisoteado.

Miradas perdidas en horizontes de nadie
que un día se abrazarán envueltas en telas de colores
                              con estrellas
y ellos, o tal vez nosotros, volveremos a mirarnos
                    como antes, como siempre.
Miradas que humedecerán los rostros que antes también
                         se humedecieron
y que contarán el antes y el después de aprender a mirar
                              en el otro
lo que los otros no vieron mientras se envolvían entre
                         fuerzas contrapuestas.
Miradas que nos enseñarán a ver lo que antes nunca
                    pudimos mirar, los otros.
Miradas que nos enseñarán a ver lo que antes nunca
                         vimos, al otro.
Miradas para vernos por siempre con los mismos ojos
                    de antes, todos.

Elizabeth Marcano

Italia.
Un día mi país se vistió distinto. Se vistió de rojo sangre
y cambió su forma de ser, de querer. Ahora era grosero
y golpeaba a quien pensara distinto. Y yo me fui huyendo
de ese país que hoy desconozco...

INDIVIDUO

Ir caminando
marchando, como un río
lleno de gente.

Nubes de gases
lacrimógenos que por
aire respiré.

Dándolo todo
por expresarnos, sin ser
nunca oídos.

Ilusiones y
desilusiones tantas
nadie nos oye.

Voces amargas
tantas voces de sangre
desesperanza.

Insistimos en
gritar en vano, para
nunca ser oídos.

Duele saberse
ignorado, duele no
ser soportado.

Un grito fuerte
emana de cada quien
y se vuelve uno.

Oírnos, ¿quiénes?
el mundo permanece
aún en silencio.

DERECHO

Digo, dicen y
espero, desespero
y nada pasa.

Es lo que todos
tenemos, esperanza
desesperanza.

Rogamos hablar,
pero nos mantienen en
silencio total.

Expresarse no,
nos cosieron los labios
nos silenciaron.

Callando cada
suspiro, cada pasión
acallan la voz.

Huir piensan unos,
resistir, otros, mientras
los lobos muerden.

¿Opinar? Sueñas.
¿Reclamar? Despierta y
nada, respira.

LIBERTAD

Los farolitos
están callados, su luz
no quiere brillar.

Iluminaban
por doquier, espacios
apagados ya.

Begonias muertas
no darán sus colores
ni su perfume.

Esperando se
quedaron verlo venir
más nunca llegó.

Ríos de sangre
corrían por las calles
regando sueños.

Total, a nadie
interesa es solo
un número más.

Agrupados y
olvidados todos son
ahí sepultados.

¿Dónde están las
palomas blancas? ¿Dónde?
No las encuentro.

OPINIÓN

Opinar, hablar
no está permitido
y quiero gritar.

Parece que mi
voz, apenas se siente
tan bajita es…

Ilusiones, fe,
como lluvia ya caen
dan esperanza.

Nunca más vuelvas
a llorar, mi bello y
amado cielo.

Indefensos y
nuestra única arma
la voz, la callan.

Ojos no miran
tan bochornoso y vil
espectáculo.

Ninguno muere
de dolor, pero sí de
olvido, todos.

EXPRESIÓN

Expresándose
con su sentir y con su
ímpetu iban.

Xilófonos en
melodías y cuantos
colores caían.

Por sus ideas
salían, mas respuestas
nunca había.

Retoños míos
no insistan, no pueden
alzar sus voces.

Especialmente
cuando nadie escucha
es inútil, *shissss.*

Sí, cielo mío,
sé que es un derecho
hecho, maltrecho.

Ideales muy
sombríos y oscuros
como la noche.

Orquestando al
amanecer, pueblo
mientras dormías.

Nunca volvió a
ser como antes, cielo
azul brillante.

Enmanuel David /// Colmenares Arandia

Venezuela.
Su poemario *Alcachofa y otros poemas sobre la ciencia* fue
ganador del V Concurso Por una Venezuela Literaria, 2016.
Su Siglema "HUMANIDAD FRÁGIL KM^2" obtuvo el
primer premio en el 6o. Concurso Internacional
de Siglema 575 "Di lo que quieres decir" 2020.

El torturado sufre de un dolor inmenso

El torturado sufre de un dolor inmenso
y sus dolencias se lastiman
como a un sol oscuro.

Su colosal sufrimiento se esparce
en el silencio
de los muros.

El torturado tiene su psique cubierta
de quebrantos,
su privación corporal piensa
en un país cubierto
de amarillo,
mientras que el azul se alucina
en su memoria.

Entonces, entiende ya,
que no puede caminar por el rojo viento
o el malestar difunto,
cuando implora la castración
de sus estrellas
y la descarga eléctrica
de su llanto.

Arrastra consigo la extracción
de sus uñas y la de su cabello
en la existencia.

Su voz se irradia
como castración
de la verdad,
de su necesaria verdad
que aguanta la flagelación de la máscara

la flagelación de la imagen,
en un país descuartizado
por el pérfido cielo.

El torturado no se doblega ante la mentira,
ni ante los puñetazos del diablo,
ni ante la quemadura del tiempo.

Piensa con su letargo y su fatiga,
siente que su inquietud
se deteriora en claridad.

Los medios de comunicación

El periódico ya no sale diariamente como el sol.
Le han quitado la tinta y el papel a los rayos de su envoltura.
Prohíben cierta información en el kiosco del cielo.

La radio son mil radios en una sola voz.
La señal de múltiples voces la clausuran en el crepúsculo.
Prohíben cierta información en la señal de la tarde.

La televisora ya no entra en la noche.
La casa desconoce la realidad absoluta.
Del mismo modo, prohíben cierta información de la imagen
sombría.

La tanqueta

Me pasaste por encima de mis miembros
y de mis raíces.

Me pasaste por encima de la sangre
y por encima de mis manos.

Por encima de mis piernas anduviste,
y yo caminé herido
como un sol sin curas.

Avancé patituerto por muchos siglos,
como marcha una tierra golpeada
por la perversa arena.

Dado que lastimaste a mis hermanos,
vi la injusticia de tu calaña en mí.

En cuanto al presente,
me siento muy recuperado
y satisfecho.

A decir verdad, me revestí mucho
durante la disputa
en el desastre,
y ciertamente que hoy me siento
como un cuerpo
de acero.

Debajo de tu blindada farsa estoy,
conectando mis verdades.

El militar que se mira a sí mismo

Veo al militar que se mira a sí mismo,
revelo cómo percibe la integridad
de sus zapatos,
diviso la comida que va directa a su falacia
y distingo la apariencia de un amparo
en su tristeza.

Veo al militar que se mira a sí mismo,
avisto que sus tanques son como el embuste
de sus ojos,
indago que no mira a la calle del hambriento,
y noto que se esfuma
de la opacidad del otro.

Veo al militar que se mira a sí mismo,
registro su trampa entrampada
por los tramperos
de la estafa,
advierto que su enredo es como una bolsa
de basura,
que va desde el chantaje
a la mentira de lo cierto.

Yo veo al militar que se mira a sí mismo,
y vigilo que no mira al resto
de la gente.

Los animales son observados en la geografía del desastre

Distingo en la calle a un trillón de afilados perros.

Desde el techo de la casa no le quito el vistazo
a unos gatos, que ciertamente se entumecen
buscando lagartijas
o mil ratas descarnadas.

Las jaulas de la casa vecina
han abierto un billón de puertas,
y en efecto, las demacradas aves
han sido liberadas por la necesidad baldía.

Cómo me gustaría tener en mis manos
un poco de alimento
para compartir
con los animales amigos.

Lo que sucede es que no tengo
ni para mí,
que ya llevo tres días continuos
sin comer.

Henri José García Durán

Venezuela.
Yo no soy lo que soy, sino lo que siento.
Mi cuerpo es el lenguaje y mi alma el sentimiento.
Soy poeta de la vida y escribo con mi pluma
lo que el mundo habla con sus distintas voces.

Almas en silencio

Somos lava ardiendo en días de tempestad
queriendo salir de un cráter profundo,
criaturas opacadas por el silencio,
envueltas en tinieblas de injusticias.

El verbo y la voz buscan renacer
como el Ave Fénix entre las cenizas,
desean volver a la vida
después de haber muerto bajo el azote inhumano.

Millones de seres como aves en desvelo
levantan sus alas frágiles y heridas;
van en busca del horizonte matinal,
el alba que los espera, libertad absoluta.

Es el canto de la vida, es la palabra…
un derecho cercenado por el mal
el destructor de la tierra del Ángel,
la Pequeña Venecia de ensueño.

Cortina de agua que cae como velo de novia
arropa nuestros llantos y sufrimientos;
somos almas ansiosas de paz, de justicia, de derecho…
Eleva nuestras voces hasta el firmamento.

Haz que nuestro canto retumbe,
que se escuche en todo el planeta
como coral de turpiales
entre orquídeas de colores.

Patria sin voz

¡Escúchenme!
Ruego escapar de este abismo impío, precipicio que no me
deja vivir. Mi débil aliento agoniza y poco a poco muero
desesperada.

¡Estoy aquí!
Soy morada del silencio, del miedo y la aflicción. Solo
escucho los susurros de mis venas atormentadas.

¡Libérenme!
Un minotauro oscuro ata mi cuerpo a la violencia silente y
hostil. Mis palabras no pueden volar, sus alas fueron segadas.

¡Ayúdenme!
Necesito otras alas, otra lengua, otra voz… No puedo
quedarme taciturna y enmudecida, muchos anhelan oírme de
nuevo.

¡Desmoronada!
Mis hijos no suspiran, sus cantos también desvanecen. Peligro
de extinción. Son aves en cautiverio sin libertad y sin
derechos.

¡Necesito ser libre!

Soy *Tierra de Gracia*
¡Tierra bendita!
Patria sin voz.

¡Tengo miedo!

¡Tengo miedo! No sé por qué. Estoy triste y mi rostro no deja escapar más lágrimas. Está seco, vacío; se ha vuelto un desierto entre tanta fertilidad. Navego por un mar inestable, no encuentro salida para conquistar el arcén de la razón. Me siento estático en medio de tanto movimiento. Soy ave necesitada de vuelo, de canto.

Soy feliz e infeliz a la vez. Puedo hablar, puedo escuchar, puedo escribir y puedo sentir.
Pero…

¿Cuál es el origen de mi miedo?

Tengo temor a expresar lo que siento, a escuchar, hablar…
Mi ser es un claustro. ¡Necesito liberarme!
Tengo alas y no puedo volar.
Alzaré mi vuelo y quizás moriré. ¡No importa!
Es mi derecho humano, debo hacerlo.

Perecerá mi cuerpo, pero jamás mis palabras.
Seamos libres como el viento, aún en días de tempestad.

Jorge Gómez Jiménez

Venezuela.
Edita desde 1996 la revista Letralia.com.
Ha publicado la novela *El rastro,* 2009; el poemario
Mar baldío, 2013; y el libro de cuentos *Uno o dos
de tus gestos,* 2018; entre otros títulos.

Peoma a un zurdito Starbucks

Quiero verte zurdito
deliro por verte
muero por verte

Quiero verte zurdito cagando en una bolsa
deliro por verte buscando dónde hacerte una diálisis
muero por verte huyendo de los colectivos

Quiero verte zurdito que te confisquen el mercado
deliro por verte recolectar agua de las cloacas
muero por verte decidir si votas cuando tus candidatos están
inhabilitados

Quiero verte zurdito temiendo que te allanen la casa
deliro por verte en una sala de emergencias sin energía
eléctrica ni medicinas
muero por verte tuitear que no sabes cómo están tus padres

Quiero verte zurdito indagando sobre tus parientes presos
deliro por verte atacado por el hampa a pleno día
muero por verte atacado a cualquier hora por la policía

Quiero verte zurdito decirle a tu hijo Hoy no comeremos
deliro por verte decirle a tu hijo Me voy del país pero luego te
busco
muero por verte decirle a tu hijo No tienes futuro

Quiero verte zurdito flaco triste escoñetado
deliro por verte en insomnio en terror en pánico
muero por verte deprimido muy deprimido

Pero no te veré zurdito
porque tú te tomas tu café en Starbucks
tan lejos tan libre tan seguro tan canalla

Kira Kariakin

Venezuela.
Poeta, editora, promotora cultural.
Lleva el blog k-minos.com desde 2001.
Ha publicado los poemarios *Nuevos arbitrios*, 2011;
En medio del blanco, 2014 y *El sol de la ceguera*, 2019.

El tiempo no se ha ido
la bofetada se repite
la tierra magra
escupe sangre
que no se va
que nos salpica la cara
la historia canta la misma canción
todos se suman al juego de los guiños
y el ejercicio del olvido ante el ultraje
la ceguera niega la luz de lo evidente
su falsedad extravía las claves
en la calle busco los pasos
del deseo común
poso mi voz sobre la acera
para salvarla de la mudez
desentierro partículas de belleza
para limpiar como pueda
lo que nos ofende

Publicado en *En medio del blanco,* 2014

La tenaza jala la laringe
hacia el pecho

el nudo entreverado en el corazón
con la voz y el entendimiento

somos nuestra propia cárcel

Publicado en *El sol de la ceguera*, 2019

son muchas las cosas que no se pueden hacer por frío
son muchas las cosas que no se pueden hacer por miedo

frío y miedo son hermanos
andan juntos
paralizan   entumecen   ahogan
manos   pies   pecho

lo que queda es temblor
y vocación por guarecerse
en la tristeza de la mudez

...

Escribes y borras
y luego temes a lo insuficiente de tu memoria
y luego solo temes
…

Luis Alfonso Medrano Zambrano

Chile.
Ingeniero mecánico, Maestría en Docencia para
la Educación Universitaria. Residenciado en
Santiago de Chile, ante la imposibilidad de vivir
con dignidad en mi patria.

Venezuela tricolor

Amarillo, azul y rojo,
los colores de mi bandera.
Gloria al Bravo Pueblo
aquel que libertad pidiera.
Y que con esfuerzo y tesón
se convirtió en gran nación.
Pueblo que otrora fuera
cual rutilante estrella
quien alumbrara caminos
de libertad a naciones extranjeras.
Punta de lanza en América Latina
con desarrollo de fama mundial
hoy sumergida entre ruinas
perdida sin futuro ni esperanzas.
El fanatismo politiquero
y el resentimiento social
la sumieron en dictadura
sin derechos ni libertad.
Es hora de romper ataduras
y liberarnos de la opresión.
Para exigir el debido respeto
a nuestra virtud y nuestro honor.

Artículo 19

Nacimos libres e iguales,
con igual dignidad y derechos,
por disposición del Dios creador
o simplemente por ser humanos.
Quiero opinar y expresarme
sin restricción ni opresión.
Necesito investigar y aprender,
para crecer en un mundo de todos,
desconocido y pleno de oportunidades.
Preciso obtener gran información
oportuna, veraz y confiable.
Somos miembros de una sociedad,
con igualdad de derechos inviolables
Independiente de cualquier condición.
No importa el género, ni la religión,
ni nuestro origen de nacionalidad.
Pues desde 1948 la ONU proporcionó
el Art.19 para nuestra protección
garantizándonos convivencia social.

Libertad

Libres de albedrío por orden del Creador.
Nuestro himno nacional proclama,
"gloria al bravo pueblo que el yugo lanzó"
"abajo cadenas, gritaba el señor".
Inmensa es hoy nuestra tristeza.
Desde que un grupo de caudillos arrebató
a ese noble pueblo su libertad y honor.
Bravo es quien se levanta y lucha
como aquel que por nosotros murió.
Levántate y lucha por tu libertad con honor.
Es triste y doloroso aceptar la realidad,
no valoramos lo que teníamos hasta perderlo,
no supimos ser libres, hasta perder la libertad.
Resignarnos no es alternativa, ni solución,
hazlo por tu país, busca la oportunidad,
rescata tus fortalezas con orgullo y dignidad.
Tú y yo tenemos un compromiso,
dejar para los que vienen algo mejor,
no dejemos problemas sin solución.
Algunos, quizás no lo veremos.
Pero nuestro aporte será, un futuro promisor.
Nuestros hijos sabrán que fue por amor.
Dice nuestro pueblo, como refrán popular,
"De donde yo vengo, no nos gusta amenazar.
Pero, cuando voy pa'lante, si no me matan,
yo voy dispuesto a matar".
Adelante, Venezuela. Tenemos derechos
que nadie nos puede arrebatar.

Venezuela-19

Vivimos, o perdimos años, sin son ni ton
andando por caminos de amargura y dolor
han sido muchos años, de amar sin amor.

Esperando el ansiado día que suceda,
lo que hace tiempo debió suceder
y aquel hermoso árbol vuelva a florecer.

Nada nos debe desalentar ahora,
así como llegó la penumbra de la noche,
pronto brillará el sol con gran derroche.

El sentarnos a planificar la partida,
nos haría sentir como un traidor
dediquémonos a cumplir nuestra labor.

Zarpemos hacia nuevos rumbos,
para aprender de nuestro gran error
diseñemos y construyamos un país mejor.

Un solo árbol no hace el bosque,
nuestra unión será nuestra fortaleza
unidos implementemos la solución.

El futuro se construye a partir de hoy,
no hay espera, es momento de acción
no seamos problema, seamos la solución.

La solución saldrá de nuestras manos
sin ataduras, sin miedos y sin rencor
tus virtudes y valores brillarán con fulgor.

Algún día entenderemos por qué sucedió,
valoraremos lo que en ese momento di,
y diremos con orgullo: Yo estuve allí.

19 el artículo legal, de declaración mundial,
creado para garantizar la protección
de mis derechos humanos sin condición
tan solo por ser libres y de dignidad igual.

Marcos Penott Contreras

Venezuela.
De niño crecí con los sueños de un amor puro, una mente
tranquila y un país avanzado; y llegué a los 30 años
sabiendo que estos, en muchos casos, se van perdiendo
en el día a día, como se pierden las medias
en la lavadora: sin razón.

Y usted, ¿qué diría?

Qué diría, Presidente
si la Muerte se le acerca,
aproxima a su puerta
y le guiña de frente.

Cómo haría, Excelencia,
si esta le incitara una conversación
sobre la actual significación
de su oscura presencia.

Qué dijese, Presidente,
si es la Parca quien le atiende
y en discurso prominente
discurriera en tono urgente:

"Oídme usted, ciudadano;
cómo ha de teñirse de 'tacto humano',
si la indolencia histórica, de idealismo tildado,
se alza indignada ante su mano,

que no hace nada, que solo firma
las papeletas de cirquería;
pueriles son, de fantasía,
sus consejeros de utilería.

Cuánto trabajo ha de emprenderme
en estos tiempos de sepelios mañaneros
y noches desangradas,
donde vuestros conciudadanos
dan y reciben muerte
y una tristeza encarnada.

Qué diría, Señor Presidente,
si le mostrase íntegro y en transparente
la larga lista de quienes ante su ley ya no son gente
y la política señala herejes.

Incrementa el grupo, pierden sus nombres,
se hacen números todos los hombres,
pues la estadística ornamentada corre
haciendo honor a sus reproches.

Fuentes de rojo, todo derramado,
y los callejones aún olvidados,
donde en las escaleras, de lado a lado,
las balas forjan crónicas de alienados.
Y aquellos que luchan, los que persisten y no desfallecen,
laboran día a día hasta que contra su vida arremeten,
por no hacer nada, por un billete,
a veces incluso por sonrientes.

Quisiera yo, viese usted las caras enmudecidas
de los oriundos de donde su mando se ha ausentado
mientras que los protestas y uniformados
comparten banquete en la alcantarilla.

Así, Mayor Gobernante, usted qué diría
si lo involucrara en mi trabajo por un día,
para que su sangre, al parecer fría,
no sea inmutable ante los sollozos de otras familias".

Con preocupación, pero sin vacilo, Presidente,
espero usted no se enfade,
porque es con la humildad desde la barriada donde postulo
mi cualidad de hablante
que discierno lo emergente.

No es mi procura reto alguno, ni insultarle,
sino dejar claro que todo no es como se ha contado,
porque mal parece puede haber olvidado
acudir a quienes ha debido preguntarle.

Resultarán innecesarias las presunciones de partidismo y
parcialidades,
porque de ninguno hago culto ni soy militante,
sólo aspiro reflexione y recuerde mirar antes de acostarse
a los cementerios, Presidente,
donde los cuerpos de su pueblo ya no caben.

María Antonieta Elvira-Valdés

España.
La Venezuela que me vio crecer ya no existe.
Hace tiempo ya que sobrevivir en mi tierra es una manera
de morir. Por eso empaqué mis recuerdos, mi nostalgia
y mis ganas de vivir.

En aquel lugar del mundo

En un lugar del mundo
se respiraban los abrazos,
se vivía entre sonrisas
y había espacio para los sueños.
Un pueblo que renovaba
sus fuerzas para sembrar,
donde el pensamiento vibraba
con un aguacero de ideas
que no dejaba de llover.

En ese lugar del mundo
algunos vivían en oscuridad,
rumiando rencores
y odios absurdos.
En perversa sumisión,
eunucos de empatía,
sometieron sus raíces,
pisotearon la democracia
y pervirtieron la Patria
que los parió en Libertad.

Atrás quedaron los sueños,
las sonrisas, los abrazos
y hasta suspirar
se volvió peligroso.
Se desdibujaron las libertades,
se volvieron esquivas,
quedando los Derechos
en letras adornadas con tinta
que se burlan desde un papel.

Desde un lugar del mundo
suenan gritos que muchos oyen,
pero muy pocos escuchan.
Universales se volvieron
las torturas y violaciones.
Opiniones y verdades tiemblan
escondidas, furtivas,
en permanente cuarentena.
En aquel lugar del mundo,
en Venezuela.

Nasbly Kalinina

Estados Unidos.
Autora del cuento *Jesús Marcano: El abuelo de los presos políticos* y la novela *Historias para Ana: Génesis,* que recibió una mención honorífica en los International Latino Book Awards en la categoría de Mejor Novela de Ficción Histórica en español 2021.

EXPRESIÓN

Enamorada,
salgo con valentía
por la Libertad.

Xenofobia cruel,
persigue y destruye
al inocente.

Palabras, muchas,
políticos vendidos,
y enchufados.

Represión, miedo,
el dolor del destierro
y la ausencia.

Expresión, amor,
faltan en nuestra nación
y en la suya.

Son importantes
para la felicidad,
y la armonía.

Imagen de Dios,
debemos ser sin duda,
y sin pereza.

O por lo menos,
intentarlo, por la paz,
de nuestras almas.

No más abusos,
opinar es libertad
¡y mi derecho!

Unidas por la libertad

Veo rostros de dolor,
rostros torturados
reprimidos y asfixiados.
Unas gritan en silencio
otras, ya no tienen aliento,
en celdas de hacinamiento.

Madres que lloran por sus hijas
hijas que lloran por sus madres
sin ser escuchadas por un vil empeño.

Desde lejos todo lo vemos,
somos hermanas
y desde la distancia nos unimos
para dar el ejemplo.

Venezuela es nuestra madre,
y a todas nos duele
porque el amor nos hace una
y juntas le gritamos al viento:
¡Basta de tantas injusticias
y violaciones de derechos!

Patricia Schaefer Röder

Puerto Rico.
Escritora, traductora literaria, poeta, editora y gestora
cultural. Autora de los libros de narrativa corta *Yara y otras
historias*, 2010 y *A la sombra del mango*, 2019 y del
poemario *Siglema 575: poesía minimalista*, 2014.

Credo venezolano

Creo en Venezuela, mi Patria hermosa,
donde fui concebida en libertad
y donde por primera vez vi el cielo y la tierra.

Creo en el Pueblo venezolano,
sus verdaderos hijos, mis hermanos.
José Leonardo Chirino, el primer insurgente
que hizo brecha para la gesta de Gual y España
y allanó la senda del Precursor, Francisco de Miranda.
El Bravo Pueblo despertó el 19 de abril;
próceres anónimos que con Bolívar y Páez
liberaron esta Tierra Llena de Gracia
para vivir en paz, sin someterse a tirano alguno.
Usando su ingenio, sudando sangre
y con la mirada limpia
nos regalaron nuestra Patria
para respetarla y cuidarla del vil egoísmo
que no debe volver a triunfar.
Son los hijos de Venezuela
los únicos que han de juzgar
a los vivos y a los muertos.

Creo en la unidad del Pueblo
la fraternidad de los venezolanos
la vida con libertad y justicia
el desarrollo que lleva al progreso
y el futuro de paz para todos.

Oscuridad y silencio

las ideas nacen en las praderas infinitas de las mentes
crecen puras
danzando en las cabezas
creyéndose libres
ilusas
van migrando como palabras hacia las bocas
allí florecen inocentes
y, de pronto
se topan con una mordaza infranqueable.

las imágenes se crean en los mares profundos de los sueños
se llenan de luz y color
intentan desprenderse para volar
el espíritu se mueve para convertirlas en realidad
pero encuentra que tiene las alas atadas.

las palabras fluyen en cascada sonora desde las bocas
se derraman en tinta desde las plumas
pero en la oscuridad no se pueden leer
y en el silencio no se pueden oír.

las palabras y las ideas son efímeras aquí
siento que el calor las seca
se evaporan sin dejar rastro
como si nunca hubiesen existido
aún se gestan en un esfuerzo titánico
deseando desesperadas germinar
entonces
a escondidas se mueven en nosotros
se arrastran por nuestras mentes
intentan convertirse en hechos

a muchas penas llegan a la frontera
estoicas, alcanzan el final
creen que lo lograron
tan ingenuas
se pierden en un espejismo vago
sin percatarse siquiera
del vacío de la realidad
...hace demasiado tiempo
fueron apuñaladas por el silencio
y murieron a oscuras.

VOZ

Viene de dentro
queriendo expresarnos
hacerse sentir.

Obra en libertad
mas no si la amordazan
si la ahogan.

Zumba en el pueblo
en almas que resisten:
la voz es acción.

Turpial

El turpial se ha ido
no quiere regresar
su recia melodía
le prohibieron cantar.

El Pueblo está diezmado
desnutrido y enfermo
ramas huecas, quebradizas
de un fornido araguaney
que lucha contra la sequía.

Miles de protestas fueron
otras muchas más son diarias
perdimos la cuenta ya
de las almas puras que cayeron
por disparos y granadas.

Ahora hay un cierto silencio
ahora tan solo nos queda
la libertad de expresión
que es la libertad del llanto
en ojos ahogados.

Demasiados hijos muertos
que se quisieron expresar
en medio del rugir de balas
cuando cayeron pisoteados
entre sus propios gritos
en la niebla del "gas del bueno".

El tiempo pasó
no volverá jamás
en un espejo maligno

todo sigue igual
un presente donde
las miserias de las protestas
ya son algo natural.

En mi tierra amada
los mártires son cada vez más
menos son los manifestantes
y millones de emigrantes
que buscan sobrevivir
duermen ahora en las calles
de cualquier otro país.

Perversos ellos
que buscan anestesiar las mentes
con torturas y prisión
entumecen la conciencia
del pueblo desnutrido
en un país dividido
de cimientos fracturados
la brecha es ancha y muy honda
no hay manera de sortearla
los cínicos nos empujan
esperan que caigamos
sin libertad de expresión.

La censura aplastante
sumió a la nación
en una pobreza inaudita
que engulle selectiva
al Bravo Pueblo que aún protesta
en su derecho de expresarse
...el poco que nos queda

en calles que casi no duermen
en el silencio supremo
en ojos quemados por el gas
en gritos transparentes
sin color político
llorando estudiantes muertos
y un sinnúmero de heridos
pateados con rabia
para hacerlos callar.

El turpial se ha ido
no quiere regresar
su recia melodía
le prohibieron cantar.

Y yo sí quiero volver
pero solo si en mi tierra
el silencio nos sosiega
y no le debemos temer.

Ricardo Jesús Mejías Hernández

Venezuela.
Ganador del Premio Nacional de Poesía Delia Rengifo
2011 en Caracas, del II Concurso Mundial
de Ecopoesía 2012 en Tumbes, Perú y del Premio
Nacional de Literatura Ipasme 2015 en Caracas.

Hablo por el que calla

Nací en una tierra libre,
no en un corral de miedo
y silencio.
Desde que despierto puedo cantar
para que otros despierten
y no se duerman.
Acá no hay pájaros vendados
ni alas amarradas,
no se tantean los espacios
arrastrando los pies.
Sobra cielo para los ecos
de los trinos libertarios.
Hay quien ha construido muros
para la asfixia, para el choque,
para el encierro.
Hay quien ha construido moldes
para los cuerpos.
Hay quien mata y enmudece
todo lo que puede.
Por eso, hoy y siempre,
hablo por el que calla
y canto por el que ha muerto.

Spem Libertatis

En todas partes y en ninguna.
El día que el egoísmo y conformismo dejen de regir los
corazones de los venezolanos, ese día, seremos realmente
un país libre.

El marchar de los abuelos

Marchan con los años
apretándoles las espaldas
van con la vida pesada,
se apoderan del asfalto
cientos de miles de años.

Sus consignas
penetran el cemento,
agrietan de vergüenza
la Gran Caracas,
con sus manos
llenas de arrugas
luchan por la libertad
contra la cruel tiranía,
que les reivindica
tantos años de servicio
solo con algunas migajas.

Los esbirros les esperan
con cascos y escudos blindados;
no respetan ni las canas
les tratan de forma violenta
con golpes y gas pimienta.

Reviviendo tiempos de gloria
se les infla el pecho
cuando ven al esbirro asesino;
recuerdan tiempos pasados
derrocando en su juventud
otros terribles tiranos.

Desde el alma mis respetos
viejos de huesos pesados
marchan y tiembla el asfalto
se pone la piel de gallina
qué orgullo ver tanta valentía.

Calles desiertas

Qué vacías estas calles
antes tan concurridas
la protesta engulló el bullicio
solo suenan los morteros
a ratos una sirena encendida.

Observo poco movimiento
todo lo devoró el cemento;
la calle ruge de dolor
cuando la madre grita
¡Auxilio! ...Fue una bala perdida.

Grita el pueblo
¡A las calles!
grita el pueblo
¡No hay comida!
grita el pueblo
¡No disparen!
el cobarde en Miraflores
baila salsa todo el día.

Estas calles de mi patria
vacías de bulla
pero llenas de lucha,
repletas de dolor
sembrado por la dictadura.

Tanto han presenciado
estas calles...
La partida del muchacho
la sonrisa del tirano

el cañonazo del esbirro
el grito desolador
de la madre.

Estas calles de mi patria
estas calles vacías,
¡resurgirán!
cual ave fénix
de las cenizas
del fuego de nuestra lucha.

Gritos de esperanza

Unos gritos
sacuden mi alma
el miedo
se apodera de mi ser,
siento escalofríos.

Alrededor como
densa neblina
las lacrimógenas
liberan su veneno,
ahogan al respirar
sacan lágrimas.

Los gritos
son incesantes
claman libertad y justicia,
a oídos sordos,
a esbirros sin alma.

Tantos gritos
de esperanza
que se ahogan
ante las balas
destilan odio
quienes disparan.

La sangre
se apodera de la escena
el rojo tiñe el empedrado
la muerte se hace presente.

Los gritos
más insistentes
dolor, rabia,
desde el alma
llueven lágrimas.

Hay esperanza

Cuando se marchiten las tristezas
y se ahogue la desesperanza,
se avive el grito de lucha
encendiéndose la llama de la libertad
habrá esperanza.

Mientras el pueblo no olvide
la historia lo escriba,
el verso circule
el panfleto viva en las calles
y a viva voz se repita
habrá esperanza.

Mientras retumbe el grito
de la madre
que perdió a su hijo,
por la herida abierta
en su pecho destruido
habrá esperanza.

Mientras se levante una voz
ante tanta tiranía
sea y sea reprimida esa voz
pero nunca calle,
habrá esperanza.

Mientras el pueblo no olvide
tanto sufrimiento inducido
tanta sangre inocente derramada
tantos crímenes sin castigo
habrá esperanza.

Mientras el tirano se burle
del hambre que sufre el pueblo,
cuando por fin llegue
el despertar de conciencias
del pueblo y de los militares,
habrá esperanza.

Mientras no bajemos los brazos
luchemos todos juntos,
por nuestra libertad y la patria,
hasta derrotar la tiranía,
habrá esperanza.

Hay esperanza por los niños,
hay esperanza por los abuelos,
hay esperanza por el futuro,
hay esperanza por todos,
hay esperanza, Venezuela amada.

Tristeza colectiva

Es inevitable sentir en colectivo
esta profunda tristeza
que deja regada la muerte,
en corazón, alma y mente,
luego de cada protesta.

Hasta el cemento se quiebra
con las colectivas lágrimas,
que como perlas chocan
contra el suelo;
lágrimas de madres y padres
que perdieron su semilla
a causa de la represión desmedida.

Colectiva la rabia
cólera generalizado,
cuando matan
a un muchacho
que solo protesta
y con sus consignas
suplica una mejor vida.

Pero entre tanta tristeza,
colectiva se hace la lucha
todos juntos de la mano
agitando la bandera
venceremos al tirano.

Asesino de muchachos,
torturador homicida,
va burlándose del pueblo,
pobre de ti, tirano.

La tristeza colectiva
será convertida en alegría,
pronto seremos libres
de las garras del tirano.
¡Tirano! Ya vives
en las tinieblas.

Yajaira Álvarez

Venezuela.
Creo en la libertad como uno de los bienes
más preciados de la humanidad; sin libertad estamos
en peligro de extinción.

Otro silencio

Las bocas se apagan
en derechos incumplidos.
Para los lavados cerebrales
las verdades son llagas inéditas.
Hay que guardar silencio
mucho silencio, afuera, por dentro
en la calle o cuadra
en el voto cuadrado
o en la sopa de huesos.
El silencio acepta otro silencio.
El silencio
es la sombra de un trabajador explotado
que estalla en pedacitos
es la ilusión de la salud
los médicos en el cielo
es la madre que abre su lágrima
sin leche para el niño.
Todos escuchan el silencio
en la radio, en la tv, en las redes
en los satélites y las constelaciones
nadie puede pasar sus límites.
El político pasea su cara sin vergüenza en la tv
Y dice:
Todo está bien,
vivimos dentro del silencio.

Yéiber Román

Venezuela.
Que cada poema escrito por alguien oprimido
sea testimonio de una época que no debería volver
a vivirse bajo ninguna circunstancia.

La cruz

Otra vez cargar la cruz
Mañana, condolencias
Clientes al sepulturero
sin saber hasta cuándo
Suena el canto de gloria cual preámbulo de réquiem
Presunto canto de gloria insistente en dar lección
A diario emerge el vía crucis en el mismo lugar
¿Habrá fin al calvario que tantos adeptos tiene?
Sigue la ilusión pese a conocer el final de todo
Mañana y tarde: elegía
No hay paz ni al dormir
Sólo hay toque de queda
Y todo seguirá idéntico
La pesadilla recurrente
Pareciera que sólo resta
reemprender la rutina:
otra vez cargar la cruz
Mañana, condolencias
Encargos al sepulturero

De *Los futuros náufragos,* 2018

Y se escuchaban los ladridos de los perros

Rezando
de cara a la pared
se hunde la ciudad
Lhasa de Sela

Hubo noches dignas de filme;
noches con banda sonora:
los instrumentos no eran musicales. Eran de artillería.
La orquesta entonaba sus detonaciones.
Las voces de los motores iban _in crescendo_.
Despertaron todos por una alarma
cuyo sonido era el terror.

Y, por supuesto, se escuchaban los ladridos de los perros.
Algunos deseaban grabar la película recurrente.
El mejor ángulo sería la esperanza de pedir auxilio.
        Las ventanas eran un punto débil.
        Las puertas, símbolos de un martirio venidero.
El asomo resultaba en ser halado al vacío;
        pateado frente a los niños;
        arrastrado por toda una avenida
                con el cabello como asa de un cuerpo vejado.
Sólo una cámara posaba su cara en los dinteles.
Su único ojo se enteraba de lo ocurrido.
El temblor marcaba el ritmo de su posterior relato.
Y hacían su aparición los ladridos de los perros
        con ánimo de ser protagonistas.
Todo era humo;
        siluetas;
                difuntos anónimos.
Gritos contra el dominio a un lado de la calle;

123

ráfagas de muerte del otro.
Rejas fracturadas; quemaduras en el piso.
Los próximos condenados y sus cicatrices en germinación.
Ancianos y nietos debajo de la cama,
        rosario y estampita en mano.
Los sollozos comprimidos con pavor.

Y no podían faltar los ladridos de los perros,
quizá molestos por la vigilia forzosa;
        quizá asustados por la llegada de las bestias;
                quizá reclamando el asesinato de otro can
                        o un amo
        o pidiendo el auxilio que jamás llegaría.

Hombre de verde

Gracias al horror
puede comer su familia.
Tantas cosas hechas por él a luz plena
parecieran no asfixiarlo en la noche,
     dejarlo dando vueltas en la cama.
Cuando pregunté "¿Cree este hombre en algo?
     Porque en Dios no debe ser",
la abuela, con la sapiencia impregnada en sus arrugas,
con un diminuto palíndromo,
reveló la creencia de ese hombre:
—Alaba la bala.

Entonces ella rememoró su carrera por refugiarse,
por escapar de no ser nombrada en los noticieros,
por impedir tener años de una agonía dolorosa
sólo por desear acabar con la maldad.

Al asomarse a la ventana, vio algunos (tristes) días de
juventud.

De *Los futuros náufragos,* 2018

125

Ojos de cristal

Niña,
qué triste es verte en el dintel de la puerta de tu casa,
pues tienes que ver cómo trotan los demonios.
Miras los rostros de quienes han arrebatado tu inocencia;
miras las bocas que tienen veneno en vez de saliva,
pues sólo sirven para blasfemar.

Niño,
asustado frente a tu ventana,
ves que los soldados ya no son de juguete.
Ya no tienen el corazón de plástico, sino de piedra;
ya no es verde el color de su piel.
Ahora los muertos no están en tu imaginación,
y no reviven de forma infinita, como en tus juegos.

Niña, niño,
cuán doloroso es que sus ojitos de cristal se empañen,
pues tienen que ver,
      en primera fila,
          el polvo que levanta la guerra.

Poema ganador del Concurso de Poesía Iraset Páez Urdaneta, 2016

www.ingramcontent.com/pod-product-compliance
Lightning Source LLC
LaVergne TN
LVHW041158080426
835511LV00006B/656